HÜHNERHALTUNG FÜR EINSTEIGER

Das große Hühner Buch
Artgerecht Hühner halten im Garten

inkl. alles über Pflege, Rassen, Futter, Züchtung und Hühnerställe

1. Auflage

INHALTSVERZEICHNIS

Vorwort

HAUSHÜHNER GEHÖREN ZU DEN beliebtesten Nutztieren in privater Haltung. Neben den frischen Eiern aus einer artgerechter Haltung, vermitteln die gefiederten Tiere ein Gefühl einer fast vergessenen ländlichen Idylle. Sie stellen das Idealbild einer nachhaltigen Lebensweise und Ernährung dar, die Hühner bekommen ein gutes Leben, ohne die Qualen der Massentierhaltung.

Doch Hühner haben klare Ansprüche an ihren Halter und brauchen bestimmte Grundvoraussetzungen für ein gesundes und langes Leben. Deshalb richtet sich dieser Ratgeber an alle Anfänger, die sich Hühner im eigenen Garten halten wollen. Sie finden hier alle wichtigen Informationen zur artgerechten und naturverbundenen Haltung von Hühnern, deren Pflege, Ernährung, Aufbau und Gestaltung eines Hühnerstalls, sowie die verschiedenen Hühnerrassen, ihr Verhalten und die speziellen Ansprüche der

Tiere an ihre Umgebung. Mit diesem Fachwissen können Sie unbesorgt Ihre frischen Frühstückseier aus dem eigenen Hühnerstall genießen.

Sie werden schnell merken, dass das bunte Federvieh viel mehr als nur nützliche Eierlieferanten sind. Hühner sind echte Charaktertiere, wer seine Hühner gut beobachtet, kann besonders in Kleingruppen die unterschiedlichen Verhaltensweisen und Charakterzüge wahrnehmen. Dabei unterschieden sich die Tiere nicht nur in ihrem Charakter und ihrem Geschlechts, sondern auch in der Intelligenz der einzelnen Hühner. Die Haushühner gewöhnen sich meist schnell an ihre Besitzer und lassen sich sogar auf einen Namen prägen und mit Lockrufen zum Futter oder in den Stall treiben.

Wer die Hühnerhaltung als ernstes Hobby betreiben will, sollte daher ein Herz für die Tiere haben und sich an ihrem munteren Geschare und ihrem farbenprächtigen Gefieder erfreuen und gut auf das Wohlbefinden und die Gesundheit der Tiere achten und nicht nur an den Nutzer als Eier und Fleischlieferant denken. Deshalb werden Sie in diesem

Ratgeber nicht nur zur Geschichte des Haushuhnes viel erfahren, sondern auch einige lustige Anekdoten rund um die Hühnerhaltung kennenlernen. Viel Spaß beim Lesen!

Die Geschichte der Hühnerhaltung

DIE REISE IN DIE Welt der Haushühnerhaltung beginnt zunächst mit einem Blick in die Geschichte der gefiederten Nutztiere. Das heute weit verbreitete Haushuhn und dessen Unterrassen stammen vom Bankivahuhn (Gallus gallus)ab, dieses wird umgangssprachlich auch als rotes Kammhuhn bezeichnet und zählt eigentlich zu der Klasse der Hühnervögel, wie auch die wilden Fasane. Die frühesten Knochenfunde dieser wilden Urhühner sind aus der Jungsteinzeit vor fast 8000 Jahren. Damals begannen in Mitteleuropa die Menschen damit, ihr Leben als Jäger und Sammler aufzugeben und sich in Siedlungen zusammenzuschließen. Lange Zeit haben die Siedler nur die Nester der wilden Hühner geplündert und damit ihren kargen Speiseplan erweitert. Wann genau die Menschen in den Siedlungen begonnen haben die Hühner einzufangen und als Nutztiere zu halten ist unbekannt, da die

Knochenfunde nicht eindeutig sind. Die Forscher gehen davon aus, dass das Bankivahuhn eines der ersten Nutztiere der Menschen war. Die Hühner waren damals noch nicht domestiziert und neigten dazu wieder in die Wildnis zu fliehen, weshalb die Tiere in Ställen gehalten wurden.

Vom Wildhuhn zum Haushuhn

Ursprünglich lebten die Bankivahühner am Waldrand und zogen sich für die Nacht in die Baumkronen zurück, die sehr scheuen Tiere leben auch heute noch in einigen Gebieten in Südostasien. Die Hühner wurden erst im Verlauf der Geschichte domestiziert und verloren dadurch einen Großteil ihrer ehemaligen Flugkraft und wurden wesentlich Standortstreuer, wie wir es von den Haushühnern kennen. Auf dem Weg dorthin wurden die Tiere nicht nur in Mitteleuropa gehalten, sondern auch in anderen frühen Siedlungen in China und in Ägypten. So finden sich beispielsweise in Spanien domestizierte Hühner, die von den Phönizier circa im 1. vorchristlichen Jahrtausend gehalten wurden. Experten gehen davon aus, dass sich bei der Domestizierung der Tiere auch andere Hühnerarten eingemischt haben, obwohl dies nicht in den überlieferten Aufzeichnungen zu finden ist. Das Einkreuzen von anderen wilden Hühnerarten, wie dem Sonnerathuhn, dem Lafayettehuhn und dem Gabelschwanzhuhn würde die enorme Zahl von 150 verschiedenen Hühnerrassen erklären. Die meisten Haushühner haben jedoch ihre Vorfahren bei den frühen Bankivahühnern und wurden vor allem zur Zeit der Römer im großen Maßstab gezüchtet und über die römischen Städte und eroberten Siedlungen verbreitet. Aus dieser Zeit stammt auch der erste Ratgeber über die Zucht und Haltung von Hühnern, der überliefert wurde. Dieser stammt von Lucius Iunius Moderatus Columella und wurde in der ersten Hälfte des 1. Jahrhunderts n. Chr. verfasst. Diese frühen Haltungsformen der Hühner zeigen deutlich auf, dass das Versorgen einer Hühnerschar auch von Anfängern schnell erlernt werden kann und die Tiere nicht viel brauchen, um ein gesundes Leben zu führen und regelmäßig Eier zu legen. Lange Zeit war es absolut normal, dass jede Familie auf ihrem Grundstück eigene Hühner gehalten und gezüchtet hat, um von den Eiern und dem Fleisch der Tiere zu profitieren. Natürlich bereitet es dennoch Arbeit, die Tiere zu versorgen, doch im Vergleich zu anderen Nutztieren, sind Haushühner sehr einfache und pflegeleichte Tiere.

Die richtige Vorbereitung für eine eigene Hühnerschar

DAS HALTEN VON HÜHNERN im eigenen Garten ist kein Hexenwerk, jedoch bedarf es einiger Vorbereitungen, damit das Geflügeln Artgerecht versorgt werden kann und die Haltung keine Probleme verursacht. Noch bevor Sie sich den wichtigen Fragen, wie Gehegebau, Hühnerrasse und Anzahl der Tiere stellen, sollten Sie sich sicher sein, das Hühner die passenden Nutztiere für Sie sind.

Wann macht die Hühnerhaltung Sinn?

Es gibt viele Gründe, die für eine private Hühnerhaltung im eigenen Garten sprechen, dennoch sind Hühner nicht für jeden geeignet. Deshalb sollten Sie sich genau überlegen, warum Sie Hühner halten möchten.

Der Hauptgrund für Hühner, ist natürlich das frische Frühstücksei aus einer artgerechten Haltung, weit entfernt von der Massentierhaltung und dem kommerziellen Vertrieb der Eier und des Hühnerfleisches. Sie können bei einem normalen Haushuhn mit circa 180 bis 220 Eiern im Jahr rechnen, Hybridhühner schaffen sogar über 330 Eier im Jahr, diese Tiere haben jedoch eine sehr geringe Lebenserwartung von nur 1,5 bis 2 Jahren. Die meisten anderen Hühnerrassen können mehrere Jahre alt werden und oft bis ins hohe Alter hinein Eier legen. Zudem ist das Fleisch der Hybridhühner meist von geringerer Qualität als das zarte und durchwachsene Fleisch der Rassehühner.

Neben dem Nahrungsgewinn halten viele Hühnerbesitzer ihre Tiere als Haustier. Besonders bei Kindern ist das bunte Federvieh sehr beliebt und viele Rassen haben einen sehr zutraulichen Charakter und gewöhnen sich schnell an spielende Kinder. Die Eltern können so den Kindern die Natur näherbringen und ihnen einen gesunden Umgang mit Nutztieren beibringen. Denn immer mehr Kinder verlieren den Bezug zu unseren Lebensmitteln, eine ländliche Idylle mit glücklichen Hühnern im eigenen Garten, wird den Kindern wieder den Wert von Lebensmitteln aufzeigen.

Ein weiter Grund, weshalb Hühner im eigenen Garten gehalten werden, ist die Zucht von Rassehühnern. Dabei wollen die Züchter meist die seltenen und alten Hühnerassen erhalten und schließen sich zu Zuchtvereinen zusammen. Da es in der konventionellen Hühnerhaltung nur noch bestimmte Hochleistungsrassen und Hybride eingesetzt werden, rücken die alten und teilweise seltenen Hühnerassen in den Hintergrund. Durch engagierte Hobbyzüchter bleiben uns auch die seltenen Rassen erhalten.

Welche Menschen sollten besser keine Hühner im eigenen Garten halten?

Eigentlich kann jeder Mensch mit genügend Platz und Zeit seine eigenen Hühner halten. Wem jedoch der Platz fehlt oder öfter längere Reisen unternimmt, sollte besser auf die gefiederten Tiere verzichten. Die Hühner sind Nutztiere und leben nicht so eng mit uns Menschen zusammen, wie Hunde oder Katzen, dennoch brauchen die Tiere jeden Tag frisches Futter und Wasser und auch der Gesundheitszustand der Hühner sollte regelmäßig kontrolliert werden, um Krankheiten vorzubeugen.

An andere Haustiere, wie Hunde gewöhnen sich die Hühner recht schnell, jedoch sollten Sie unbedingt darauf achten, dass Hunde und Katzen nicht versuchen die Hühner anzugreifen und gegebenenfalls auch den Außenbereich der Hühner mit einem festen Zaun abzugrenzen. Sollte dies nicht möglich sein, können Hunde und Katzen, die die Hühner jagen großen Schaden anrichten. Was ebenfalls ein

Ausschlusskriterium für die Hühnerhaltung ist.

Unabhängig davon weshalb Sie sich für die Haltung von Hühnern entschieden haben, sollten Sie vor dem endgültigen Kauf der Tiere noch für eine Artgerechte Umgebung sorgen.

Welche Vorbereitungen sind für eine artgerechte Hühnerhaltung wichtig?

Die wichtigste Grundvoraussetzung, um Hühner zu Halten, ist ausreichend Platz für die Tiere zu besitzen und einen Stall für die Tiere vorzubereiten. Doch wie viel Platz braucht ein Huhn eigentlich und wie sollte das Gehege der Tiere aussehen?

Im Idealfall sollten die Hühner einen festen Rückzugsort in Form eines Stalles haben, der die Tiere vor Kälte und Nässe schützt und in dem sie sich in der Nacht schlafen legen können. Im Stall sollten auch die Legenester für die Hennen sein, damit Sie nicht umständlich das gesamte Gelände nach den Eiern absuchen müssen. Neben dem Stall brauchen die Hühner einen Auslauf im Freien, der den Tieren die Möglichkeit bietet im Grün zu scharren, selbstständig nach Futter zu suchen und sich im Sand zu baden. Nur so können die Tiere ihre gesamten Bedürfnisse ausleben und ein artgerechtes Leben führen.

Als Mindestgröße für den Stall gilt: maximal drei Tiere pro Quadratmeter Stallfläche, wobei natürlich mehr Platz für die Hühner immer besser ist.

Zu der Mindestgröße für die Hühner muss noch Raum für eine Futterstelle, Trinkmöglichkeiten, ein Sandbad (falls dieses nicht im Außenbereich ist), Legenester und Sitzstange für die Nacht mit einberechnet werden. Die Sitzstangen, sollten gut erreichbar in circa einem Meter Höhe angebracht sein und das Gewicht der Hühner halten können. Das Sitzen auf den Stangen fördert die Durchblutung in den Füßen, stärkt den Gleichgewichtssinn und die Motorik der Tiere und fördert das Sozialverhalten. Damit können Sie die Größe Ihres Hühnerstalles einfach ausrechnen. Bei beispielsweise fünf Hühnern (die eine vierköpfige Familie ohne Probleme mit Eiern versorgen können) brauchen Sie mindestens zwei Quadratmeter Grundfläche plus noch circa zwei Quadratmeter für Futter, Wasser, Sandfläche und die Legenester. Dies wäre jedoch die Mindestgröße des Stalles, über mehr Platz würden sich die Tiere sicherlich sehr freuen.

Hinzu kommt noch die Auslauffläche für die Hühner, diese sollte mit einem abwechslungsreichen Untergrund und viel Gras ausgestattet sein, Versteckmöglichkeiten vor Raubvögeln steigern zudem das Wohlbefinden der Tiere. Von der Größe her sollte die Fläche etwa sechs Quadratmeter pro Huhn haben.

Die Qual der Wahl

Zu den Vorbereitungen auf die Hühner, gehört auch die Überlegung, wie viele Tiere in den Stall Einziehen sollen, da dies erheblichen Einfluss auf den Stall und die Auslauffläche hat.

Hühner sind Gruppentiere und müssen mindestens zu zweit gehalten werden, dabei können die unterschiedlichen Hühnerrassen gut miteinander in einer gemischten Gruppe leben. Als Anfänger sollten Sie sich jedoch auf die pflegeleichten Rassen mit einem ruhigen Charakter konzentrieren. Besonders geeignet für Anfänger sind kleinere Rassen wie die Seidenhühner, Kennhühner, Lakenfelder und Welumer Hühner.

Wie bereits erwähnt, können fünf Hühner eine vierköpfige Familie mit Eiern versorgen, je mehr Tiere Sie halten, desto höher sind natürlich die Unterhaltskosten und der Arbeitsaufwand. Sie sollten die Kosten für den Stall, Futter, Milbenprophylaxe, Einrichtung, Einstreu und die Hühner selbst bedenken. Gerade bei der Erstausstattung können so Kosten von rund 600 bis 1.000 Euro entstehen für eine kleine Gruppe von fünf Hühnern. Wenn Sie sich entschieden haben, wie viele Hühner Sie halten möchten, bleibt noch die Frage, wie die Nachbarn auf die neuen Tiere reagieren. Generell ist die Hühnerhaltung in Wohngebieten, im eigenen Garten erlaubt, wenn die Tiere beim Veterinäramt und der Tierseuchenkasse gemeldet sind. Dennoch ist anzuraten, in dicht besiedelten Gebieten auf einen Hahn zu verzichten oder vorab die Nachbarn um Erlaubnis zu fragen. Den unabhängig von der Hühnerrasse ist ein Hahn sehr Laut. Die Eiablage der Hennen wird auch ohne Hahn normal stattfinden. Natürlicher ist es, wenn ein Hahn in der Gruppe lebt, jedoch kommen die Hennen auch gut ohne einen männlichen Begleiter zurecht.

Neben dem Anmelden der Tiere beim zuständigen Amt und der Nachfrage bei den Nachbarn sollten Sie auch frühzeitig die Vorbereitungen für den Winter treffen. Damit die Hühner auch im Winter ihre Eier legen, brauchen die Tiere rund 16 Stunden Licht, dies kann im Winter nur mithilfe einer Lampe im Stall erreicht werden. Zudem sollte der Stall gut gedämmt sein, um Schutz vor den kalten Nächten zu bieten. Mehr Einstreu und bei besonders niedrigen Temperaturen eine wärmende Rotlichtlampe helfen den Tieren ebenfalls durch den Winter.

Als letzte Vorbereitung auf die eigene Hühnerschar, sollten Sie sich mit der Ernährung und dem Verhalten von Hühner genauer Auseinandersetzen, damit Sie Ihre Tiere optimal versorgen können und frühzeitig Probleme erkennen. Hierfür haben wir in den Kapiteln „Hühner verstehen“ und „Das perfekte Hühnerfutter“ alle wichtigen Informationen für Sie zusammengestellt.

Hühner verstehen

Um seinen Hühnern ein langes und gesundes Leben zu bescheren, ist es wichtig sich mit den Verhaltensweisen und körperlichen Eigenschaften des Geflügels auseinanderzusetzen. Dafür braucht jeder angehende Hühnerbesitzer ein umfassendes Wissen über die Anatomie der Hühner, ihre Lebensphasen und die gesunde Körpersprache der Tiere.

Anatomie von Hühnern

Im Laufe der Domestizierung und der Zucht in unterschiedliche Rassen hat der Mensch das einstmals sehr ursprüngliche Huhn deutlich verändert. So besitzen viele der modernen Hühnerrassen beispielsweise nur noch eine eingeschränkte Flugfähigkeit oder haben diese gar ganz verloren. Besonders die Zucht auf hohe Fleischleistung und das unermüdliche Legen von Eiern haben die Tiere stark verändert. Zudem unterschieden sich die einzelnen Rassen teils sehr in der Größe und dem Gewicht, dennoch gibt es einige Anatomie-Merkmale, die unabhängig der Hühnerrasse gleich sind.

Der Schnabel

Der Schnabel eines Huhnes ist ein wahres Allroundwerkzeug, das äußerst sensibel ist. Trotz der Härte des Schnabels, können die Hühner damit ihre gesamte Umgebung und vor allem ihre Nahrung in ihrer Größe, der Beschaffenheit und sogar der Temperatur wahrnehmen. Dies liegt daran, dass der gesamte Schnabel der Hühner von einem dichten Nervengeflecht durchzogen ist und dem Tier als Tastkörper dient, damit haben die Hühner einen ähnlichen Tastsinn, wie unser Fingerspitzengefühl.

Die besondere Form des Schnabels wirkt beim Trinken, wie eine Kelle die Wasser schöpft. Mit einer schnellen Kopfbewegung in den Nacken lässt das Huhn das geschöpfte Wasser in die Kehle laufen. Der Schnabel des Huhnes dient jedoch nicht nur der Nahrungsaufnahme, sondern hilft den Tieren auch bei der Pflege ihres Gefieders. Dabei kommt ihnen die anatomische Besonderheit des feinen Nervengeflechtes im Schnabel zu gute.

Das Huhn kann mit dem Schnabel sein Gefieder einfetten und reinigen, dabei nimmt es einzelne Federn mit dem Schnabel auf und streicht entlang der Feder. Gelegentlich lässt sich beobachten, dass die Hühner auch ihre Artgenossen mit dem sensiblen Schnabel pflegen. Natürlich dient der Schnabel, ebenso wie die scharfen Krallen der Hühner auch als Waffe bei Rangkämpfen und zur Verteidigung.

Neben all den Vorteil die der Schnabel bietet, ist das Huhn dennoch nicht in der Lage mit diesem zu Kauen. Bei der Nahrungsaufnahme zerkleinert das Huhn sein Essen in die passende Größe für den Schnabel, durch das Picken. Die Nahrung wird anschließend geschluckt und gelangt dadurch in den Kropf des Huhns.Im Kropf wird das Essen zur weiteren Verarbeitung eingeweicht. Die Nahrung verbleibt im Kropf, bis sie weich genug ist, um in den Drüsenmagen transportiert zu werden. Im Drüsenmagen selbst, wird das eingeweichte Futter Vorverdaut und im Muskelmagen, der oft als eigentlicher Magen es Huhnes angesehen wird, wird der Rest des Futters zerkleinert und verdaut. Hierfür befinden sich im Muskelmagen kleine Steinchen, die das Huhn mit der Nahrung aufnimmt, die helfen die letzten Rest zu zerkleinern.

Die Füße des Huhns

Die Füße und die Beine des Huhnes besitzen einige anatomische Besonderheiten. So befindet sich die Ferse des Huhnes, anders als vielleicht vermutet, am Übergang vom federbedeckten Oberschenkel zum Unterschenkel, der mit der schuppigen Haut versehen ist. Das fersenartige Gelenk wird in Fachkreisen als Hacke bezeichnet. Die Unterschenkel, welcher auch als Läufe bekannt sind, enden in den Zehen der Tiere und sind bei den meisten Rassen ohne Federkleid und mit harten Hautschuppen überzogen.

Standard ist hierbei eine Anzahl von vier Zehen, wobei es auch Hühnerrassen gibt, die fünf Zehen aufweisen. Allgemein sieht die Verteilung der Zehen folgendermaßen aus: drei der Zehen zeigen in Laufrichtung nach vorne, während eine Zehe nach hinten zeigt. Dadurch haben die Hühner immer einen festen Stand und können sich auch Nachts ohne Probleme auf die Sitzstangen setzen und festkrallen.

Bei den Hähnen gibt es noch die sogenannten Sporen, die sich oberhalb der Zehen befinden. Die Sporen bestehen aus Horn und sind ein männliches Geschlechtsmerkmal, das bei Rangordnungskämpfen eingesetzt wird. Sporen wachsen das gesamte Leben lang und müssen ggf. von einem Tierarzt gekürzt werden, wenn der Hahn beim Laufen behindert wird.

Der Kopf und Kamm

Die Form von Hühnern kann sich je nach Rasse unterschieden, so haben einige Rassen einen sehr runden Kopf, während andere Hühner eher einen länglichen Kopf besitzen. Die meisten Rassen weisen jedoch die typischen Kopfanhängsel auf. Diese sind Hautlappen, die sich unter dem Kinn, den Seiten der Augen oder auf der Stirn der Tiere befinden, je nach Rasse sind diese unterschiedlich stark ausgeprägt. Bei den Hautlappen am Kinn spricht man von Kehllappen. Die Hautlappen hinter den Augen werden Ohrscheiben genannt und sollen den empfindlichen Gehörgang der Hühner schützen. Der größte Hautlappen befindet sich auf der Stirn der Tiere und wird als Kamm bezeichnet, dabei gibt es verschiedene Variationen des Kammes. Die bekannte Form ist der Einzelkamm, bei dem der Kamm vertikal nach oben steht und am Ende mehrere Kammzähne aufweist, weitere bekannte Kammarten sind: Der Rosenkamm, der Hörnchenkamm, der Walnusskamm und der dreireihige Kamm.

Das Skelett des Huhns

Alle heutigen Hühnerassen stammen von Reptilien ab. Dies klingt zunächst unglaublich, doch die Vorfahren unsere Haushühner haben sich vor Millionen von Jahren aus den Dinosauriern herausentwickelt. Dieses prähistorische Erbe lässt sich noch immer im Skelett der Hühner erkennen.

Dieses besitzt einen sehr hohen Gehalt an Kalksalzen, welche für eine besondere Härte in den Knochen sorgen. Das gesamte Skelett lässt sich in drei Teile unterteilen, den Kopf, den Rumpf und die Gliedmaßen. Alle Teile des Skelettes sind trotz ihrer besonders harten Struktur von einer einmaligen Leichtbauweise, wie sie nur bei Vögeln vorkommt.

Im inneren der Knochen, wo normalerweise das Knochenmark sitzt, bildet sich beim Geflügel das Mark nach dem Ende der Wachstumsphase zurück und wird durch dünnwändige Lufträume ersetzt. Die Lufträume in den Knochen werden durch die Lungenluftsäcke mit Atemluft versorgt und stabilisieren zusätzlich das Skelett. Dadurch wiegt das gesamte Skelett des Huhnes deutlich weniger, als bei vergleichbar großen Säugetieren. Der Ober- und Unterschenkelknochen des Huhnes weist keinerlei innere Struktur mehr auf und wird daher als Röhrenknochen bezeichnet, der das Gewicht des Skelettes zusätzlich verringert.

Verhaltensweise von Hühnern

Abnormales Verhalten bei den eigenen Hühnern frühzeitig zu erkennen ist enorm wichtig, denn dieses deutet auf Erkrankungen und Probleme in der Gruppe hin. Hühner sind äußerst soziale Tiere, die sich nur in einer Gruppe wohlfühlen. Dabei lässt sich innerhalb der Hühnergruppe eine deutliche Rangordnung erkennen und auch die einzelnen Tiere zeigen individuelle Charakterzüge, unabhängig von ihrem Geschlecht oder Rang in der Gruppe.

Ein gesundes Huhn sollte stets neugierig auf seine Umgebung reagieren und aktiv mit seinen Artgenossen umgehen, Kontakt suchen und in der Gruppe aber auch mal einzeln das Gelände ablaufen. Dabei sind die Tiere, die meiste Zeit des Tages auf der Futtersuche und pflegen im Sozialkontakt ihren Status und Rang gegenüber den anderen Tieren.

Durch die hohe Intelligenz der Hühner lernen diese schnell auf andere Tiere, wie Hunde angemessen zu reagieren und auch bei Menschen zeigen sie ihren jeweiligen Charakter und die hohe Anpassungsfähigkeit. So werden gesunde Hühner nach einer kurzen Eingewöhnungszeit freudig ihrem Besitzer entgegenlaufen, wenn dieser mit Futter ins Gehege kommt. Die aufgeweckteren Hühner werden sicherlich als ehesten anstürmen und die schüchternen Charaktere werden sich nahe der Gruppe halten und nur langsam näher kommen. Dies alles ist im normalen Verhaltensspektrum, mit Geduld können einzelne Tiere sogar ihren Namen lernen.

Im Verhalten untereinander sind Hühner nicht nur sehr sozial, sie beweisen auch hohe Intelligenz bei der Kommunikation, so können Hühner andere Gruppenmitglieder mit ihrem Gackern zu Futterstellen rufen. Experten schätzen, dass Hühner immerzu miteinander Kommunizieren und ihr Sozialgefüge stärken. Manche Tiere pflegen richtige Freundschaften und die Rangfolge wird nicht nur mit Kämpfen, sondern meist viel sensibler mit Gesten und Lauten geregelt. Hühner, die sich von der Gruppe absondern, nicht kommunizieren und verstört auf einer stellen Sitzen, sind vermutlich krank oder stehen unter sehr starkem Stress. Sie sollten mit einem solchen Tier dringend einen Tierarzt aufsuchen.

Lebensphasen der Hühner

Die Lebensphasen eines Huhnes lassen sich in drei Hauptphasen unterteilen, die Sie besonders gut bei einer natürlichen Aufzucht durch die Henne miterleben können. Die drei Phasen sind: Kükenphase, Adultphase und die Seniorenphase der Hühner. Dabei gibt es wieder rassespezifische Unterschiede, so wird das Haushuhn einer stabilen Rasse deutlich älter als die Hochleistungshühner der Hybridrassen. Deshalb betrachten wir einen natürlichen Lebensverlauf einer robusten Haushühnerrasse, die natürlich im Freien leben kann.

Die Henne legt ein Ei, welches von Hahn befruchtet ist. Das befruchtete Ei muss von der Henne bebrütet werden, dabei wendet die Henne das Ei regelmäßig, damit die Wärmeverteilung gleichbleibend ist. Der gesamte Brutvorgang dauert drei Wochen, dann schlüpft das kleine Küken mithilfe seines Eizahns selbstständig aus dem Ei. Die Küken nehmen piepsend Kontakt zur Henne auf und es entsteht eine tiefe Mutter-Kind-Bindung. Die kleinen Küken sind bereits nach dem Schlüpfen sehr selbstständig und laufen mit ihren Geschwistern in der Nähe der Mutter und suchen nach Nahrung. Dabei ahmen sie das Verhalten der Mutter nach und lernen was für sie Essbar ist.

Die Zeit als Küken reicht bis zu vierten oder fünften Lebenswoche. Ab diesem Zeitpunkt beginnen die Hennen die kleinen Küken wegzupicken. Die zweite Lebensphase der Hühner beginnt. Die jungen Hühner werden erwachsen und müssen ohne den Schutz der Mutter auskommen. Spätestens nach der achten Woche haben die Hühner ihren festen Platz in der Gruppe gefunden und sind von der Mutter abgenabelt. In ihrer Adultphase werden die Haushühner bis zu fünf Kilogramm schwer, je nach Rasse natürlich. Mit zwölf bis sechzehn Wochen werden die Hühner geschlechtsreif und die Hennen beginnen mit dem Eierlegen. Die aktive Eiablage erfolgt circa zwei bis drei Jahre lang, dann lässt die Legeleistung deutlich nach und die Hühner kommen in die dritte Lebensphase. In der Seniorenphase werden die Tiere meist ruhiger und beteiligen sich weniger an Rangkämpfen. Allgemein haben gesunde Hühner eine Lebenserwartung von fünf bis acht Jahren.

Der Kauf der ersten Hühner

Um mit der Haltung der eigenen Hühnerschar im Garten zu beginnen, ist es wichtig, dass Sie sich vorab über den Kauf von Hühnern informieren. Hühner können Sie auf verschiedene Arten erwerben, weshalb wir Ihnen die normalen Preise für ein Huhn und noch einige Tipps mit auf den Weg geben wollen.

Worauf ist beim Kauf von Hühnern zu achten?

Beim Kauf von Hühnern gibt es einige Dinge, die Sie beachten sollten. So spielt beispielsweise die Jahreszeit, in der Sie die Hühner kaufen eine wichtige Rolle. Zum Ende des Frühlings ist die beste Zeit, um die neuen Hühner zu erwerben, den zu dieser Zeit gibt es weder Frost noch die Hitze des Hochsommers. Die Hühner können sich an die neue Umgebung und das neue Nahrungsangebot im Freien gewöhnen, ohne Stress zu erleiden und Sie müssen nicht bis zum nächsten Frühling warten, bis die Tiere ihre ersten Eier legen, insofern sie alt genug zum Eierlegen sind.

Die Rasse der Hühner obliegt Ihren eigenen Vorstellungen, in der Regel sollten Anfänger mit ruhigen Rassen starten. Diese sind pflegeleichter und tragen untereinander weniger Kämpfe um die Rangordnung aus. Hybridhühner legen zwar am meisten Eier, jedoch stellen sie Eierproduktion bereits nach maximal zwei Jahren ein, während andere Rassen bis ins hohe Alter hinein ihre Eier legen können. Besonders zu empfehlen für Anfänger sind Zwerghuhnrassen oder robuste Haushuhnrassen wie das Deutsche Lachshuhn oder das Vorwerkhuhn. Wenn Sie Ihre eigenen Hühner züchten wollen und somit zum Erhalt einer Hühnerrasse beitragen möchten, sollten Sie sich zunächst an den örtlichen Geflügelzucht-verein wenden. Dieser ist eine gute Anlaufstelle, um Kontakt zu verschiedenen Züchter zu bekommen und sich ein reales Bild über die Vielfalt der Rassen zu machen.

Neben dem Kauf von einem privaten Züchter aus dem Geflügelverein können Sie Ihre Hühner auch auf einem Kleintier- und Geflügelmarkt kaufen. Auf diesen Märkten bieten oft kleinere Bauern ihre Tiere an. Zudem inserieren immer wieder andere Halter von Haushühnern ihre überzähligen Tiere in Internetinseraten oder bei Vereinen. Seltener finden sich auch in Tierheimen oder bei Tierschutzvereinen Hühner, die auf ein neues Zuhause in einem Garten warten.

Unabhängig davon, wo Sie letztendlich Ihre Hühner kaufen, sollten Sie vor dem Kauf die Tiere genau betrachten. Wie wurden die Tiere gehalten und sehen diese gesund aus? Der Gesundheitszustand eines Huhnes lässt sich leicht erkennen, verhalten die Tiere sich normal, ist dies bereits ein gutes Anzeichen. Zudem sollten Sie darauf achten, dass die Tiere klare Augen ohne Ausfluss haben und einen gleichmäßig gefärbten Kamm. Das Gefieder sollte sauber und dicht wirken und die Kloake der Hühner muss frei von Verunreinigungen oder gar Entzündungen sein. Parasiten können Sie schnell an den leicht befiederten Stellen unter den Flügeln und zwischen den Federn erkennen. Sie sollten die Tiere immer beim bisherigen Besitzer abholen, um die Lebensumstände und die Gesundheit der Tiere selbst zu prüfen. Dabei ist es unwichtig um welche Rasse es sich handelt, auch verschiedene Hühnerrassen können zusammen in einem Garten gehalten werden.

Was sind normale Preise?

Der Preis für ein Huhn hängt stark von der Rasse, dem Alter und dem Geschlecht des Tieres ab. Da es sich um die ersten Hühner handelt, ist es sinnvoll sich erwachsene Tiere zu holen. Eine legereife Junghenne dient hierbei als Maßstab.

Die bekannten Hochleistung-Legehybriden gehören zu den günstigsten Vertretern und können in der Regel für sieben bis zehn Euro erworben werden. Einige Tierschutzvereine vermitteln aussortierte Hybridhennen sogar kostenlos oder gegen eine kleine Schutzgebühr an ihre neuen Halter.

Bei den Zwerghühnerrassen hängt es davon ab, ob es sich um eine sehr seltene Rasse oder Färbung handelt, aber im Durchschnitt kosten die Zwerghennen im legereifen Alter zwischen zehn und fünfzehn Euro pro Tier.

Große Hühnerrassen, die viele Eier legen und eine solide Fleischmasse besitzen werden von den

Züchtern für zwanzig bis dreißig Euro verkauft und sind damit die teuersten Hühner auf dem freien Markt.

Die gilt jedoch nur für Legehennen, beim Hahn sieht die Sache anders aus, diese sind meist sehr günstig oder werden sogar kostenlos vom Züchter hinzugegeben.

Wie viele Hühner sollte man sich zulegen?

Wir haben bereits einmal über die Anzahl der Hühner für eine vierköpfige Familie aufgeklärt. Die perfekte Anzahl an Hühner für Sie hängt stark von Zweck der Hühnerhaltung, dem Platz und ihren Vorstellungen ab. Damit Sie einen guten Start in die Hühnerhaltung haben, raten wir Ihnen jedoch nicht alle geplanten Hühner gleichzeitig zu kaufen. Es bietet sich an, zuerst nur einen Teil der Tiere zu holen, beispielsweise erst einmal zwei oder vier Legehennen und erst im folgenden Jahr zwei oder vier weitere Hennen hinzuzukaufen. Dadurch werden Sie längere Zeit legefähige Tiere in Ihrer Gruppe haben und mit der kleineren Anzahl haben Sie auch einen einfacheren Start in die Hühnerhaltung.

Der perfekte Hühnerstall

DER HÜHNERSTALL IST DER sichere Rückzugsort der Hühner, hier verbringt das Geflügel seine Nächte und die Hennen legen ihre Eier in die vorgesehenen Legenester. Ein Großteil des Hühnerlebens spielt sich im Stall ab, deshalb sollte dieser alle Bedürfnisse der Tiere erfühlen und ausreichend Platz bieten. Dabei ist es unwichtig, ob die Auslauffläche als eingezäuntes Gebiet am Hühnerstall befestigt ist oder ab die Tiere frei im Garten oder auf der Wiese herumlaufen. Die Mindestgröße des Stalles bleibt in beiden Fällen gleich.

Die richtige Größe für den Hühnerstall

Als Mindestgröße für einen artgerechten Hühnerstall gilt pro Quadratmeter maximal drei mittelgroßen Hühnern. Je größer die Fläche ist, die ein einzelnes Huhn zur Verfügung hat, desto wohler werden sich die Tiere fühlen. Zudem muss noch der Platz für die Stelleinrichtung bedacht werden. Damit die Hühner auch einmal längere Zeit in ihrem Stall bleiben können, sollte dieser über einen Scharbereich verfügen, der ihnen die Möglichkeit bietet ihre natürlichen Verhaltensweisen auszuleben. Neben dem Scharbereich, brauchen die Hühner noch Sitzstangen für die Nacht, die auf circa einem Meter Höhe angebracht werden und rund 25 cm Fläche pro Huhn bieten sollten. Unter den Sitzstangen ist es ratsam ein Kotbrett anzubringen, zur einfachen Reinigung des Stalles.

Legennester dürfen natürlich auch nicht fehlen, ein Legenest kann von drei Hühnern genutzt werden und sollte eine Größe von 35 x 35 x 35 cm haben, wobei es auch kleinere Einzelnester gibt. Letztlich fehlen dann nur noch die Futterstellen und die Trinkvorrichtungen, für einen perfekten Hühnerstall.

Obwohl die Grundausstattung eines Hühnerstalles immer gleich ist, gibt es doch die unterschiedlichsten Ausführungen an Ställen. Darunter freistehende Ställe und Ställe mit angebundenem Auslaufbereich. Wenn Sie handwerklich geschickt sind können Sie sich Ihren Hühnerstall ganz nach Ihren Vorstellungen selbst zusammenbauen. Viele Anfänger holen sich jedoch einen fertigen Hühnerstall aus dem Geflügelhandel. Diese werden meist als Bausatz angeboten und kommen in verschiedenen Designs daher.

Leider sind viele dieser Angebote für Hühner nicht ausreichend, besonders im Bereich des Kleintierhandels werden Hühnerställe angeboten, die viel zu klein für Hühner sind und nicht über die nötige Inneneinrichtung verfügen.

Ein guter Mittelweg zwischen Selbstbauen und einem fertigen Bausatz ist daher, das Umbauen von einem Gartenschuppen oder einem Gartenhäuschen, auch Spielhäuser für Kinder aus Holz können sich ohne viel Aufwand zum idealen Hühnerställen umwandeln lassen.

So klappt der Umbau zum Hühnerstall

Ob nun Gartenhaus, Spielhaus oder Geräteschuppen, der Umbau zu einem großzügigen Hühnerstall ist mit der passenden Grundkonstruktion auch für Laien leicht zu managen. Sie müssen zunächst den Untergrund für das Hühnerhaus vorbereiten, hierfür müssen Sie alle Steine auf der Fläche entfernen und den Untergrund ebnen. Anschließend können Sie den Bausatz nach der jeweiligen Anleitung aufbauen. Danach sollten Sie den gesamten Innenbereich mit Streichkalk einstreichen, damit Parasiten, wie Milben und Federlinge keine Chance haben.

Der Boden des Stalls sollte mit einer abwaschbaren Folie ausgelegt werden, die einfach zu reinigen ist und den Holzboden des Bausatzes vor dem ätzenden Vogelkot schützt. Über die Folie kommt eine dicke Schicht aus Holzspänen, Stroh und Heu. Sie können auch trockenes Laub aus dem Wald in den Stall legen.

Nun geht es schon an die Einrichtung des Hühnerstalles. Zunächst sollten Sie den Platz für die Legenester bestimmen, dieser ist im Idealfall an einem ruhigen Platz, wo keine Zugluft die Nester erreichen kann. Die Nester können direkt nebeneinander aufgebaut werden und sollten für die Hennen gut erreichbar sein.

Für die Körperpflege der Hühner sollten Sie auf einer freien Fläche ein kleines Vogelbad mit Sand einrichten, hierfür reicht eine kleine Wanne, die genügend Platz bietet, das ein Huhn sich daran wälzen kann.

Die Sitzstangen werden in einem Meter Höhe an einer freien Seite angebracht, unter den Stangen sollten Sie das Kotbrett befestigen. Dieses sollten Sie abnehmbar machen, damit Sie das Brett einfacher reinigen können. Zudem kann der Platz unter dem Brett weiter genutzt werden für Legenester oder das Sandbad.

Nun fehlt für die grundlegende Einrichtung nur noch die Futterschalen und Trinkvorrichtungen. Diese sollten an mindestens zwei Stellen angeboten werden, damit sich die Tiere nicht um die Ressourcen streiten.

Nach der Inneneinrichtung kommen Anpassungen, um aus dem Bausatz einen perfekten Hühnerstall zu machen. Die erste Veränderung ist eine Hühnerklappe, die es den Tieren ermöglicht selbstständig ihren Stall zu verlassen und in den Auslauf zu gelangen. Dies erspart Ihnen das tägliche Aussperren und Einsperren der Tiere und die Hühner können ihrem natürlichen Rhythmus folgen und jederzeit den Schutz des Stalles aufsuchen oder verlassen.

Hierfür sollten Sie auf Bodenhöhe oder leicht erhöht eine Öffnung in die Wand sägen. An diese Öffnung befestigen Sie entweder einen einfache Klappe, die Sie wahlweise mit einem Riegel verschließen können oder Sie kaufen eine automatische Hühnerklappe und bauen diese ein.

Neben der Hühnerklappe als Ausgang für die Tiere, müssen Sie auch auf eine ausreichende Belüftung und Frischluftzufuhr für die Tiere achten. Belüftungsöffnungen sollten deshalb, je nach Größe des Bausatzes eingesetzt werden. In der Regel reichen zwei oder drei Belüftungsöffnungen im Hühnerstall aus.

Damit ist der Umbau des Bausatzes zu einem Hühnerstall bereits fertig und die geflügelten Bewohner können in Ruhe in ihr neues Zuhause einziehen. Generell kann dafür nahezu jede Art von Holzbau genutzt werden, der die richtige Größe für die Hühnerschar bietet. Wenn Sie handwerklich geschickt sind, können Sie auch auf einen Bausatz verzichten und den Stall von Grund auf selbst bauen. Unabhängig von der Variante des Hühnerstalles ist mit kosten von rund 1.000 bis 1.500 Euro zu rechnen.

Das perfekte Hühnerfutter

Neben viel Auslauf und einem großzügigen Hühnerstall brauchen die Haushühner das passende Futter, welches alle ihre Bedürfnisse deckt. Gerade am Anfang sind viele Halter von der Auswahl an Futteranbietern und Zusätzen überfordert. Dabei ist es am besten sich an einer möglichst natürlichen Ernährung der Tiere zu orientieren.

Was fressen Hühner für gewöhnlich

Der Speiseplan für Hühner sollte immer sehr breit gefächert sein, den nur mit einem abwechslungsreichen Futter können die Hühner ihren Bedarf an Nährstoffen und Mineralien decken. Daher ist ein natürliches Hühnerfutter immer eine Mischung aus verschiedenen Futterquellen.

In der Natur verbringen Wildhühner fast den gesamten Tag mit der Nahrungssuche, dabei scharren und picken die wilden Tiere im Unterholz, auf Wiesen und im dichten Gestrüpp. Dortfressen sie überwiegend Samen, Würmer, junge Pflanzenkeimlinge und andere kleine Insekten sowie verschiedene Beeren, Blätter und Essensreste, wenn sie welche finden. Da Hühner nur einen sehr schlechten Geruchssinn haben und auch ihre Geschmacksnerven unterentwickelt sind, beurteilen die Tiere ihre Nahrung anhand der Form, der Beschaffenheit und der Größe. Sie lernen von der Henne als Küken welche Nahrung essbar für sie ist. Zudem brauchen die Tiere circa 250 ml Wasser pro Tag. Der Bedarf an Nahrung schwankt je nach Hühnerrasse aber im Durchschnitt liegt er bei 120 Gramm Hühnerfutter plus das Futter, welches sie selbstständig im Auslauf finden. Neben dem Basis-Hühnerfutter sollte der Mensch dem Huhn einen abwechslungsreichen Speiseplan bieten, um die Vielfalt der natürlichen Ernährung nachzuempfinden. Dabei können auch Essensreste eine willkommene Ergänzung zum Futter sein.

Welche Ernährung empfiehlt sich für Hühner?

Bei der Wahl des richtigen Futters sollte neben den Nährstoffen auch der natürliche Trieb zu picken und zu scharren berücksichtigt werden. Deshalb empfehlen wir eine ausgewogene Futtermischung, bei der auch Würmer oder kleine Heuschrecken zur Abwechslung dabei sein sollten. Die kleinen Insekten animieren die Hühner durch ihre Bewegungen zum picken und nachjagen. Ideal dafür sind Mehlwürmer, Tauwürmer oder Heimchen, die es im Kleintiermarkt gibt.

Aus der Küche können die Hühner ebenfalls viele Reste haben, dies spart nicht nur Futterkosten, sondern erweitert den Speiseplan der Hühner um ein vielfaches. Aus der Küche dürfen Hühner folgende Lebensmittelreste bekommen: Dosenmais, Bruchmais, gekochten Reis, gekochte Nudeln, gekochte Kartoffeln, Brot und verschiedene Gemüsesorten wie Gurke, Zucchini, Karotten, Salatblätter, Apfelreste und Beeren. Die Reste dürfen natürlich nicht stark gewürzt sein und frei von Schimmel oder Fäulnis. Schädlich für Hühner ist hingegen roher Teig oder andere Speisen mit viel Hefe und Backpulver, ebenso Fleisch und Zitrusfrüchte.

Im Auslauf sollten die Hühner die Möglichkeit haben Gras, Wildpflanzen, Brenneseln, Kleeblätter und Wiesenblumen verzehren zu können.

Das passende Fertig-Hühnerfutter aus dem Tierhandel

Als Hauptfuttermittel für die Hühner sollte ein hochwertiges Hühnerfutter aus dem Tierhandel dienen. Dabei sollten Sie darauf achten, dass das Hauptfutter den Tieren den ganzen Tag über zur Verfügung steht. Dafür bietet sich ein Futterspender für Geflügel an. Die Tiere reagieren besonders gut auf Futtermischungen, deren Körner in etwa die Größe von Weizenkörner haben und eine glatte Oberfläche besitzen, die eine auffallende Farbe hat oder glänzt. Diese Kriterien treffen auf die meisten Körnermischungen zu. Sie sollten darauf achten, dass die Futtermischung für Freilandhühner geeignet ist, denn bei anderen Futtermischungen kann es zu einem Überangebot an Nährstoffen kommen, da die Hühner viel im Auslauf aufpicken und zusätzlich aus der Küche die Reste bekommen.

Legehennen können mit einem speziellen Futter zur Unterstützung der Legeleistung gefüttert werden, jedoch ist dies bei den meisten Haushühnern nicht nötig und wird eher in der industriellen Haltung genutzt. Ein hochwertiges Hühnerfutter für Freilandhühner deckt den kompletten Vitamin- und Nährstoffbedarf der Hühne ohne die Gefahr einer Übersättigung an bestimmte Stoffen, aufgrund der Nahrungssuche im Auslauf der Hühner.

Hühnerfutter selber anbauen

Ein Großteil des Hühnerfutters kann von Ihnen selbst angebaut werden. Vor allem die Gemüsesorten können Sie im eigenen Garten pflanzen und damit enorm an den Futterkosten sparen. Dabei ist besonders das Ziehen von Salat recht simpel und kann auch von Anfängern gemeistert werden. Besonders ertragreich ist Mais und Kartoffeln zum eigenen Anpflanzen. Sehr nahrhaft für die Hühner sind auch Sprossen, die im Winter sehr viel Energie liefern und Abwechslung bieten. Die Sprossen können Sie mit einfachen Mitteln selbst ziehen.

Um Sprossen für die Hühner zu ziehen brauchen Sie flache Schüssel, am besten aus Keramik oder Glas. In die Schüssel geben Sie eine Art Körner, wie Weizenkörner oder eine andere Getreidesorte, diese sollten leicht den Boden bedecken. In die Schale wird nun lauwarmes Wasser gefühlt, welches die Körner etwa zur Hälfte bedeckt. Die Schale wird anschließend an einen hellen und vor allem warmen Platz gestellt, wenn das Wasser austrocknet sollte es direkt nachgefühlt werden. In etwa drei bis fünf Tagen sind die Keimlinge bereit zum Verfüttern.

Kalzium, welches viele Hühnerhalter zum Futter hinzukaufen, kann auch sehr einfach mit zerkleinerten und abgekochten Eierschalen hergestellt werden, diese müssen nur in die Futtermischung untergemischt werden.

Beim Anpflanzen der anderen Gemüsesorten und dem Futtermais ist es schon aufwendiger, dennoch kann sich der Anbau des eigenen Futters sehr lohnen. Sie wissen dadurch nicht nur genau was in ihrem Futter enthalten ist und wie die Aufzucht der Pflanzen war, Sie können auch enorm an den Futterkosten sparen.

Die Fütterung

Bei der Fütterung ist es wichtig ein ausgeglichenes Verhältnis aller Futterbestandteile zu erreichen. Das Fertigfutter sollte immer für die Hühner bereitstehen mit Obst und Gemüse ergänzt werden. Proteine durch Würmer und die Möglichkeit im Auslauf selbstständig nach Futter zu suchen gehört ebenfalls zum täglichen Speiseplan.

Sie müssen jedoch das Futter so verteilen, dass auch die Tiere, welche in der Hackordnung weiter unten stehen genügend Futter abbekommen.

Die Fütterung bei den Legehennen können Sie nach bedarf anpassen, indem Sie als Zusatz Legemehl holen, jedoch ist dies bei normalen Hühnern mit einer durchschnittlichen Legeleistung nicht unbedingt notwendig.

Beim eigenen Zusammenstellen des Futters gibt es viel zu beachten. Für eine bessere Übersicht haben wir die Richtlinien für die Zusammensetzung eines gesunden Futters für ein durchschnittliches erwachsenen Huhn zusammengestellt. Laut diesen Angaben sollte das passende Futter aus rund 50 bis 60 Prozent Kohlenhydraten bestehen, die in Form von Getreide gegeben werden. Hinzu kommen noch etwa 20 Prozent pflanzliches Eiweiß meist aus Rapsschrot bei den Fertigmischungen aus dem Handel und 10 bis 15 Prozent tierischen Eiweißen, wie Würmer oder Milchprodukte. Etwa 5 bis 10 Prozent Fett, 7 bis 10 Prozent Mineralstoffe aus Muschelkalk, Grit und zerriebenen Eierschalen ebenso wie 5 bis 10 Prozent Kleie, 1 Prozent Spurenelemente und Vitamine und letztendlich etwa 10 Prozent Gras und Wiesenblumen.

Mit diesem Grundgerüst sollte ein solides Futter zusammengestellt werden, einfacher ist es natürlich für die Grundbedürfnisse eine fertige Futtermischung zu nutzen und zusätzlich mit Gemüse, Obst und Resten aus der Küche zu ergänzen. Die fertigen Mischungen für Freilandhühner enthalten alle grundlegenden Dinge für ein gesundes Hühnerleben.

Eier wir brauchen Eier!

Das frische Frühstücksei von den eigenen Hühnern ist der Hauptgrund, warum viele Menschen mit der Hühnerhaltung starten. Die Legeleistung der verschiedenen Hühnerrassen ist unterschiedlich, während besonders die Legerassen jeden Tag ein Ei legen, gibt es bei den Zwerghühnerrassen und vielen anderen Rassen oft kleinere Pausen zwischen dem Legen der Eier. Zudem hängt es vom Alter der Tiere ab, ältere Hühner legen wesentlich seltener Eier und stellen irgendwann die Eiablage vollständig ein.

Die Hühnerrasse entschieden auch darüber ab wann die Hennen überhaupt mit der Eiablage beginne. Hybridrassen beginnen bereits vor dem 4. Lebensmonat mit dem Eierlegen stellen die Produktion jedoch mit rund zwei Jahren wieder ein. Es gibt noch ein paar Haushühnerrassen die bereits nach dem 4. Lebensmonat mit der Eiablage beginnen, doch die meisten Rassen fangen erst ab dem 7. Lebensmonat mit der Eiablage an.

Wenn bei der Ernährung der Hühner oder dem Gesundheitszustand der Tiere etwas nicht stimmt, wird dies schnell als mangle bei den Hühnereiern sichtbar. Die Schale wird dünn werden und strukturelle Schwächen aufweisen. In besonderen Fällen kann es sogar vorkommen, dass die Eier vollkommen ohne Schale auftreten und nur als Gelmasse im Nest liegen. Wenn strukturelle Fehler in der Eierschale auftreten, sollten diese nicht mehr von uns Menschen gegessen werden.

Probleme bei der Legeleistung

Das die Legeleistung bei den Hennen Schwankungen unterlegen ist, ist vollkommen normal. Besonders im Winter, haben die Hühner meist nicht ausreichend Licht, welches sie für die Ausbildung der Eier brauchen und legen deutlich weniger Eier in die Legenester. Für das Eierlegen brauchen normale Hühner 16 Stunden Sonnenlicht. Im Winter nutzen deshalb viele Hühnerhalter eine Lampe im Hühnerstahl, um das Tageslicht künstlich für die Hühner zu verlängern und somit ihre Eiproduktion auch in der kalten Jahreszeit aufrechtzuerhalten. Neben dem Licht sollte der Stall auch winterfest gemacht werden, denn auch bei zu kalten Temperaturen lässt die Legeleistung nach.

Dennoch kann ein nachlassen der Legeleistung auch auf eine Erkrankung des Huhnes oder auf einen Fehler in der Haltung oder der Ernährung hinwiesen. Deshalb sollten Sie bei nachlassender Legeleistung versuchen die Ursache hierfür zu finden.

Hühner anzüchten

WENN SIE IHRE HÜHNERSCHAR erweitern wollen, gibt es zwei Möglichkeiten. Sie können frisches Blut in Form von jungen Hennen hinzukaufen oder Sie züchten sich selbst die Küken heran. Die Zucht von eigenen Küken klappt natürlich nur, wenn es einen Hahn in der Gruppe gibt. Hähne sind dabei äußerst potent und der Deckakt dauert nur wenige Sekunden. Zuvor wirbt der Hahn jedoch um die Hennen. Hierfür lockt er die Henne mit Futter, welches er im Schnabel trägt zu sich und beginnt um die Henne zu tanzen. Beim Tanz spreizt der Hahn seine Flügel ab, um eindrucksvoller auf die Henne zu wirken. Hat er mit seinen Bemühungen Erfolg, wird sich die Henne hinlegen und der Hahn steigt auf den Rücken der Henne und positioniert seine Kloake an der Kloake der Henne. Mit Trittbewegungen vollzieht der Hahn nun den Paarungsakt und die innerhalb der nächsten vierzehn Tage wird die Henne jeden Tag ein neues Eie legen, welche befruchtet sein wird. Nach dem Ablegen der befruchteten Eier beginnt die Brutphase der Henne.

Einigen Hühnerrassen ist der natürliche Bruttrieb jedoch abgezüchtet worden, diese lassen die Eier unbeachtet liegen. In diesem Fall sollten Sie eine Glucke zum Brüten in den Stall holen oder mithilfe eines Brutkastens die Eier künstlich ausbrüten.

Glucken und Brutverhalten

Wenn Sie bemerken, dass Ihre Hennen einen zu geringen Bruttrieb besitzen können Sie die Eier auch einer zuverlässigen Glucke unterlegen. Einer guten Glucke ist es egal, ob sie die eigenen oder fremde Eier ausbrütet. Gut geeignet als Glucke sind Hennen der Rasse Brahma-Huhn. Sie können einer solchen Glucke bis zu zwanzig Eier unterlegen, jedoch sollte dies in kurzem Zeitabstand geschehen, damit die Küken zur selben Zeit schlüpfen. Das Brutverhalten bei einer Glucke verläuft ebenso wie bei einer normalen Henne mit Bruttrieb.

Beim Brüten sitzt die Henne nahezu ohne Pause auf den Eiern und stellt dadurch mit ihrer Körperwärme eine Temperatur zwischen 38 und 40 Grad im Legenest her. Das gesamte Brüten wird von der Henne nur kurz für die Nahrungsaufnahme und zum Trinken unterbrochen. Die Henne muss die Eier nicht nur bei einer möglichst konstanten Temperatur bebrüten, sondern auch mehrmals am Tag die Eier drehen, damit die Brut erfolgreich wird.

Gerade junge Hennen haben oft einen oder zwei Fehlversuche, bevor sie das erste Mal ein Gelege erfolgreich ausbrüten können. Sie sollten während der gesamten Brut die Hennen in Ruhe lassen und jeden Stress für die Tiere vermeiden. Der gesamte Brutvorgang dauert im Normalfall 21 Tage. Nach den 21 Tagen schlüpfen die Küken in etwa dem selben Zeitabschnitt, da die Küken bereits im Ei mit ihren Geschwistern und der Henne kommunizieren, durch ihr piepsen. Die Küken können den Schlüpfvorgang sogar um bis zu zwei Stunden hinauszögern, damit möglichst viele Tiere gleichzeitig schlüpfen.

Alle kleinen Küken, die es nicht schaffen mit ihren Geschwistern zu schlüpfen und noch im Ei sind, werden von der Henne zurückgelassen und sterben. Denn die Henne verlässt mit den geschlüpften Küken das Nest, sobald diese trocken sind. Da die kleinen Hühner Nestflüchter sind, sind die Küken bereits nach wenigen Stunden selbstständig und beginnen mit dem piken nach Nahrung. Dennoch bleiben sie in der Nähe der Glucke, die die Küken schützt und ihnen durch Vormachen aufzeigt, welche Nahrung essbar ist und wie sie sich gegenüber den anderen

Hühnern verhalten sollen. Als Besitzer der Hühner haben Sie kaum Arbeit mit den Küken, da sich die Henne um alles kümmert.

Beim Brutautomaten sieht dies natürlich anders aus. Wenn Sie die Eier im Brutautomaten ausbrüten, müssen Sie das mehrmals tägliche Wenden der Eier selbst übernehmen. Es sei den Sie besitzen einen Brutautomaten mit automatischer Wendefunktion. Nach dem Schlüpfen der Küken, sollten diese nicht direkt zu den anderen Hühner, da der Schutz der Glucke fehlt und die anderen Tiere die Küken picken können. Zudem müssen die kleinen Küken in der Nacht einen warmen Platz haben, den ihnen fehlt die Wärme der Glucke. Nach ein paar Wochen können die jungen Hühner zur Gruppe gelassen werden, wobei diese mit zwölften bis sechzehnten Woche geschlechtsreif werden. Die jungen Hennen werden mit circa fünf bis siebten Monat beginnen Eier abzulegen.

Der größte Nachteil bei der eigenen Zucht ist, dass Sie im Vorfeld nicht bestimmen können, welches Geschlecht der Nachwuchs hat. Wenn Sie die

Tiere neu Hinzukaufen, haben Sie in dieser Hinsicht mehr Kontrolle.

Zukaufen von neuen Hühnern

Beim Zukaufen von neuen Hennen ist es wichtig darauf zu achten eine Rasse zu wählen, die mit dem Temperament der bisherigen Hühnerschar zurechtkommt. Meist werden junge Hennen gekauft, seltener einmal ein Hahn. Die neuen Tiere können direkt in die Gruppe gelassen werden, wobei es zu Rangeleien und Rangkämpfen kommen wird. Dieses Verhalten ist unter Hühnern normal und Sie sollten es ruhig beobachten und nur im Ernstfall eingreifen. Wenn ein Huhn von der Gruppe absolut nicht akzeptiert wird oder wenn Verletzungsgefahr besteht. Es ist ratsam nur neue Hühner zur Gruppe zu geben, wenn es keine Küken gibt, da die Glucke besonders fremde Tiere attackieren würde.

Welche Hühnerrassen passen am besten

Bei unseren Hühnern ist es ähnlich wie bei unseren Hunden und Katzen, es gibt eine enorme Vielfalt an verschiedenen Rassen. Die Rassen unterscheiden sich meist deutlich im Aussehen, der Größe, dem Verhalten und teilweise sogar bei der Farbe der abgelegten Eier der Hennen. Meist sind die Rassen durch regionale Eingrenzungen oder Spezialisierungen auf bestimmte Verwendungszwecke der Hühner entstanden. Daher sollte bei der Wahl der Rasse nicht nur auf die Legeleistung der Hennen geachtet werden. Es gibt es auch Rassen, die vielleicht eine geringere Eiablage haben, aber dennoch für Anfänger sehr gut geeignet sind.

Die besten Hühnerrassen für Anfänger mit einem kurzem Steckbrief

Araucana-Hühner

Diese mittelgroßen Hühner sind bei Anfängern sehr beleibt, da sie einen ruhigen und freundlichen Charakter haben. Die Tiere werden schnell zutraulich und sehr zahm. In der Haltung sind die Araucana sehr anspruchslos und können einfach im eigenen Garten mit einem Stall gehalten werden, Sie sind sehr robust und haben nur selten Probleme mit Krankheiten.

- Gewicht: ca. 2Kg
- Legeleistung: bis zu 180 Eier im Jahr
- Farbe der Eier: Grün
- Durchschnittliches Gewicht der Eier: 50 g

- Charakter: Ruhig und Zutraulich

Plymouth Rocks-Hühner

Die Plymouth Rocks sind eine äußerst beleibte Rasse und findet sich bei den meisten Hobbyhaltern und auch auf vielen Bauernhöfen. Dies liegt vor allem an der robusten und zähen Art der Tiere, die kaum pflege, durch den Menschen brauchen. Dennoch werden die Plymouth Rocks-Hühner besonders zutraulich und selbst die Hähne dieser Rasse sind meist freundlich und können mit anderen Hähnen zusammen gehalten werden. Eine Besonderheit der Rasse ist das typische schwarz-weiße Federkleid.

- Gewicht: ca. 2,5Kg
- Legeleistung: bis zu 190 Eier im Jahr
- Farbe der Eier: Gelb-Braun
- Durchschnittliches Gewicht der Eier: 55 g

- Charakter: Ruhig und sehr verträglich untereinander

Sundheimer-Hühner

Die Sundheimer-Hühner sind einfach in der Haltung und können eine enge Bindung zum Besitzer aufbauen, deshalb ist diese Rasse bei Haltern mit Kindern sehr beliebt. Mit einer Legeleistung von rund 200 Eiern pro Jahr und einem sehr konstanten Brutverhalten, kann diese Rasse auch einfach gezüchtet werden.

- Gewicht: ca. 2,5Kg

- Legeleistung: bis zu 200 Eier im Jahr

- Farbe der Eier: Weiß

- Durchschnittliches Gewicht der Eier: 55 g

- Charakter: Ruhig und sehr Zutraulich

Barnevelder-Hühner

Die Barnevelder-Hühner haben ihre Flugfähigkeit vollkommen verloren und brauchen daher keinen hohen Schutzzaun. Bei anderen Hühnerrassen kann es durchaus vorkommen, dass neugierige Hennen den Garten verlassen und durch die Nachbarschaft laufen. Zudem gilt die Rasse als unkompliziert in der Haltung. Ein großer Vorteil ist, dass die Hühner auch im Winter eine gleichbleibende Legeleistung haben.

- Gewicht: ca. 2,75Kg
- Legeleistung: bis zu 180 Eier im Jahr
- Farbe der Eier: Braun
- Durchschnittliches Gewicht der Eier: 65 g
- Charakter: Anspruchslos und Zutraulich

Orpington-Hühner

Diese große Hühnerrasse bringt trotz der eher geringen Legeleistung enorme Vorteile in der Haltung mit. Das bunte und sehr dichte Federkleid begeistert vor allem Kinder. Das dichte Federkleid schützt die Tiere vor Kälte, wodurch auch ein harter Winter kein Problem für die Hühner darstellt. Da die Orpington-Hühner ruhige und zutrauliche Tiere sind, eignen sie sich sehr für Familien, die Hühner im eigenen Garten halten will. Für Züchter ist die Brutfreudigkeit der Hennen ein sehr großer Vorteil, dadurch eignet sich die Rasse als zuverlässige Glucke.

- Gewicht: ca. 3,5Kg
- Legeleistung: bis zu 140 Eier im Jahr
- Farbe der Eier: Gelb-Braun
- Durchschnittliches Gewicht der Eier: 55 g

- Charakter: Anspruchslos und zutraulich, Glucke

New Hampshire-Hühner

Diese Hühner sind wohl der Klassiker unter den Hühnerrassen. Jeder Profi- und Hobbyhalter kennt die Rasse New Hampshire. Durch den hohen Bekanntheitsgrad der Rasse, sollten Sie keine Probleme haben einen Züchter der Tiere zu finden. Die Hühner sind robust, wobei sie im Winter einen gut isolierten Stall brauchen. Mit ihrem ruhigen verhalten und der angeborenen Neugierde lassen sich die Tiere nicht so leicht aus der Ruhe bringen und sind besonders gut für Umgebungen geeignet wo viel Hektik herrscht. Wie auf einem betriebsamen Bauernhof oder in einer kleinen Siedlung mit vielen Nachbarn und anderen Tieren.

- Gewicht: ca. 2,2Kg

- Legeleistung: bis zu 200 Eier im Jahr

- Farbe der Eier: Braun

- Durchschnittliches Gewicht der Eier: 55 g

- Charakter: Ruhig und neugierig

Das Vorwerkhuhn

Die Vorwerkhühner sind untereinander sehr verträglich, dies gilt auch für die Hähne. Durch ihre robuste und pflegeleichte Art sind sie bei vielen Hühnerhaltern gefragt, das auffaltende Gefieder bringt zudem eine bunte Abwechslung in die Hühnerschar. Klassischerweise besitzen die Vorwerkhühner einen dunklen Kopf und Hals und die Spitzen am Schweif sind ebenfalls dunkel abgesetzt.

- Gewicht: ca. 2,5Kg

- Legeleistung: bis zu 140 Eier im Jahr

- Farbe der Eier: Cremefarben

- Durchschnittliches Gewicht der Eier: 58 g

- Charakter: Ruhig und sehr verträglich

Sussex-Hühner

Die große Hühnerrasse legt zwar nur relativ wenige Eier im Jahr, dennoch ist sie für ihre ruhige Art und Anfängerfreundlichkeit bekannt und geschätzt. Die Legeleistung liegt allerdings nur bei 120 Eiern im Jahr. Die Tiere können ohne Probleme in größeren Gruppen gehalten werden und sind sehr aktiv bei der Futtersuche im Auslauf. Meist besitzen die Hühner ein weißes Gefieder mit kleineren dunklen Abzeichnungen.

- Gewicht: ca. 2,5Kg
- Legeleistung: bis zu 120 Eier im Jahr
- Farbe der Eier: Gelb-Braun
- Durchschnittliches Gewicht der Eier: 61 g
- Charakter: Sehr verträglich und neugierig

Cochin-Hühner

Die Cochin-Hühner gehören zu den flugunfähigen Hühnerrassen und sind sehr Standortstreu, weshalb sie ideal für die Haltung im Garten sind. Dabei sind die Hühner mit 4,5 Kg sehr groß und werden aufgrund dessen auch gerne als Fleischrasse gehalten. Hennen dieser Rasse eignen sich auch sehr gut als Glucke, da sie einen hohen Bruttrieb haben.

- Gewicht: ca. 4,5Kg
- Legeleistung: bis zu 120 Eier im Jahr
- Farbe der Eier: Gelb-Braun
- Durchschnittliches Gewicht der Eier: 54 g
- Charakter: Freundlich und mit hohem Brutverhalten

Das Bielefelder Kennhuhn

Eine mittelgroße Hühnerrasse die einen hohen Ertrag an Eiern pro Jahr hat und als sehr ruhige und pflegeleichte Rasse gilt. In der Freilandhaltung zeigen sich die Hühner sehr zutraulich und bereiten selbst im Winter nur wenig Arbeit.

- Gewicht: ca. 2,5Kg
- Legeleistung: bis zu 190 Eier im Jahr
- Farbe der Eier: Weiß
- Durchschnittliches Gewicht der Eier: 58 g
- Charakter: Ruhig und freundlich

Hühnerhaltung Besonderheiten und Rechtslage

Hühner zählen zu den Nutztieren und dementsprechend gibt es einige gesetzliche Besonderheiten bei der Haltung von Hühnern zu beachten. Grundsätzlich ist das Halten von Hühnern in Wohngebieten und Gärten erlaubt. Dabei gilt jedoch, dass die Nachbarn durch die Haltung der Hühner nicht gestört werden. Dabei ist auf eine gute Stallhygiene zu achten, damit es keine Geruchsbildung gibt. Bei Hähnen kann es im Wohngebiet zu Problemen kommen, da der Hahn durch sein unermüdliches Krähen die Nachbarn belästigen kann. Sie sollten vorab bei den Nachbarn um Erlaubnis fragen, um späteren Streit zu vermeiden. Wenn die Nachbarn ihr Einverständnis gegeben haben und Sie sich die ersten Tiere holen, müssen Sie diese Anmelden. Die Anmeldung erfolgt bei der Tierseuchenkasse und dem Veterinäramt und wird unter dem Paragraphen § 14 Tiergesundheitsgesetz (TierGesG) geregelt. Die Anmeldung ist für Kleingruppen bis 20 Tiere kostenlos.

Regelmäßige Impfungen sind Pflicht

Um Erkrankungen in der Gruppe vorzubeugen, schreibt der Gesetzgeber eine Impfpflicht der Tiere vor. So müssen Ihre Hühner alle drei Monate gegen die atypische Geflügelpest geimpft, zudem müssen Sie regelmäßig eine Milbenprophylaxe durchführen und einmal im Jahr gegen die gefürchtete Vogelseuche impfen. Wenn es in Ihrer Nähe zu einem Fall der Vogelgrippe oder einer anderen ansteckenden Geflügelerkrankung kommt, werden Sie benachrichtigt und Ihre Tiere müssen ggf. unter Aufstallpflicht gestellt werden. Dies bedeutet, dass die Hühner zu ihrem eigenen Schutz den Stall nicht verlassen dürfen, bis die Ansteckungsgefahr vorbei ist. Dabei gilt ein Stall für die Aufstallpflicht geeignet, wenn er die Hühner vor Kontakt mit anderen Vögeln schützt und auch Oberflächenwasser, zudem fremde Vögeln Zugang haben fernhält. Das bedeutet, dass das Gehege für die Hühner überdacht sein muss und an den Seiten mit Netzen oder einem festen Draht versehen sein muss. Dies ist bei den meisten Ställen sowieso gewährleistet und stellt daher für die Halter wenig Probleme dar.

Gesetzliche Stolpersteine

Obwohl die Haltung von Hühnern im Hobbybereich erlaubt ist, gibt es dennoch einige Ausnahmen und Bestimmungen, die die Haltung ausschließen können. Wenn Sie beispielsweise eine Gartenparzelle in einem Kleingartenverein haben, kann es sein, das die Vereinssatzung die Haltung von Hühnern verbietet. Bei den meisten Kleingärten ist dies der Fall.

Bei einem gemieteten Grundstück oder Garten brauchen Sie die Erlaubnis des Vermieters. Dabei gilt im Streitfall, das Hühner als Kleintiere geführt werden und diese vom Vermieter bereits im Mietvertrag ausgeschlossen werden müssen, um die Erlaubnis zu verweigern. Sollten die Hühner jedoch die Nachbarn belästigen oder einen Schaden am Grundstück anrichten, hat der Vermieter einen Kündigungsgrund.

Selbst beim eigenen Garten kann es mit der Hühnerhaltung Probleme geben. Besonders der Hühnerstall gelten gesonderte Regeln. Das Errichten eines festen Hühnerstalls bedarf einer Baugenehmigung. Sie sollten deshalb vor dem Errichten des Hühnerstalls beim zuständigen Bauamt nachfragen, welche Bedingungen für Ihr Grundstück gelten. Zum Beispiel Abstand zum Nachbarn oder eine Höhenbeschränkung. Bei mobilen Hühnerställen fällt das Baurecht weg.

Wenn Sie diese Auflagen beachten, sollten Sie keine Probleme mit einer privaten Hühnerhaltung im eigenen Garten haben. Wenn Sie Ihre Hühnerhaltung jedoch ausdehnen wollen und mehr als 20 Tiere halten möchten, wird die Stadt vermutlich von einer gewerblichen Haltung ausgehen. Dies ist ebenfalls der Fall, wenn Sie die Eier der Hühner weiterverkaufen. Das weitergeben der Eier in der Nachbarschaft und an die Familie ist in der Regel unproblematisch.

Bei einer gewerblichen Haltung von Hühnern kommen viele weitere Kosten und Verpflichtungen auf Sie zu. So müssen Sie in diesem Fall, beispielsweise ein Gewerbe anmelden und die Einnahmen und Ausgaben bei der Steuer melden.

Lustige Geschichten aus der Hühnerhaltung

Hühner als Einbrecherschreck

EINE HÜHNERGRUPPE GEWÖHNT SICH schnell an ihre neuen Besitzer und erwartet diese mit freudigen Gegacker, besonders wenn es Zeit für die Fütterung ist. Die intelligenten und neugierigen Tiere reagieren aber auch auf ungebetenen Besuch. Gerade bei Gruppen mit Hähnen gab es bereits öfter Berichte, das diese mitten in der Nacht lautstark zu Krähen begonnen haben. Die überraschten Besitzer haben daraufhin nach dem Grund für das plötzliche Krähen gesucht und konnten somit einen Einbruch verhindern. Gerade in der Nacht reagieren die Hühner auf Licht, da reicht auch ein Lichtstrahl von einer Taschenlampe, um die Tiere aufzuwecken und den Hahn zum Krähen zu animieren. Damit haben die Einbrecher unfreiwillig selbst auf sich aufmerksam gemacht.

Hähne verteidigen natürlich auch ihre Hennen und so gab es auch Fälle von Einbrechern, die von einem wütenden und pickenden Hahn vom Gelände gejagt wurden.

Frische Eier im Blumentopf

Die legefreudigen Hennen nehmen im Normalfall die Legenester im Stall gut an, um ihre Eier darin abzulegen. Dennoch finden aufmerksame Besitzer immer wieder verstreute Hühnereier im gesamten Freilaufbereich. Dies hat schon zu ungewöhnlichen Überraschungen und auch zu ungeplantem Nachwuchs geführt, wenn eine Glucke ihr Nest geschickt vor den Augen der Zweibeiner versteckt hat. Einige Hennen sind so vorwitzig immer andere Stellen für ihre Eier zu suchen und so kann es sein, das die Ostersuche fast jeden Tag startet. Die Eier sind dann gerne an ungewöhnlichen Orten, wie im Blumentopf oder sogar im Gartenschuh, wenn diese lange Zeit ungenutzt in Hühnerreichweite stand.

Hühnerflucht

Wenn Sie sich bei der Wahl der Hühner nicht ausschließlich auf flugunfähige Tiere beschränkt haben, kann es sein, dass das eine oder Huhn gerne einmal den eigenen Garten verlässt. Die neugierigen Tiere streifen dann in der Nachbarschaft umher und suchen nach neuen lukrativen Nahrungsquellen. Es gab schon öfter Meldungen von Hühnern auf Straßen oder in Bäumen. Normalerweise kehren die kleinen Ausbrecher nach einem kleinen Ausflug wieder selbstständig zu ihrer Gruppe zurück. Bei einem besonders witzigen Fall ist einmal ein Hahn aus der Hühnergruppe entflohen und trieb Unfug in der Nachbarschaft. Dabei hat der wehrhafte Hahn mehrere Katzen und sogar Hunde angegriffen und in die Flucht geschlagen. Bei einem Passanten, der den Hahn einfangen wollte, kam es dann ebenfalls zu einem Angriff und der verschreckte Mann rief die Polizei an. Diese fingen den krähenden Hahn ein und lieferten ihn wieder bei seinem Besitzer ab.

Bei Artgerechter Haltung bereiten Hühner viel Freude und ihre vorwitzige Art und ihre Neugierde werden für einige witzige Situationen im Garten sorgen. Freuen Sie sich auf viele lustige Momente und gehen Sie entspannt an die neue Situation heran.

Schlusswort: Das Abenteuer Hühnerhaltung kann Starten!

DIE HÜHNERHALTUNG IM PRIVATEN Rahmen mit einer kleinen bunt gemischten Hühnergruppe sorgt für täglich frische Frühstückseier und das gute Gefühl der Massentierhaltung entgegenzutreten.

Bei ausreichender Vorbereitung und Planung wird die Haltung der Tiere nur wenig Arbeit bedeuten. Dafür werden die Hühner ein glückliches Leben verbringen und auch Ihrer Familie viel Freude bereiten. Das bunte Federvieh verbreitet schnell gute Laune und bringt ein idyllisches Bild in den eigenen Garten. Besonders Kinder haben viel Freude am Beobachten und Versorgen der zutraulichen Hühner. Sie lernen dabei den verantwortungsvollen Umgang mit

Tieren und bekommen ein besseres Verständnis für unsere Nahrungsmittel. Mit ruhigen und zutraulichen Rassehühnern wird die Betreuung der Tiere mit wenigen täglichen Handgriffen erledigt sein.

Das Halten der Hühner im eigenen Garten stellt mit der passenden Planung und Geduld weniger Aufwand dar, als Sie vielleicht vermuten. Trauen Sie sich und erleben Sie die Faszination der kleinen Nutztiere.

Impressum

Florian Bauer wird vertreten durch:

Finn Dubbels
Nagelsweg 22a
20097 Hamburg

Coverbilder
[memoangeles] | [dipositphotos.com]
bearbeitet von oliviaprodesign (Fiverr)

Haftung für externe Links
Das Buch enthält Links zu externen Webseiten Dritter, auf deren Inhalt der Autor keinen Einfluss hat. Deshalb kann für die Inhalte externer Inhalte keine Gewähr übernommen werden. Für die Inhalte der verlinkten Webseiten ist der jeweilige Anbieter oder Betreiber der Webseite verantwortlich. Die verlinkten Seiten wurden zum Zeitpunkt der Verlinkung auf mögliche Rechtsverstöße überprüft. Rechtswidrige Inhalte waren zum Zeitpunkt der Verlinkung nicht erkennbar. Eine permanente inhaltliche Kontrolle der verlinkten Webseiten ist jedoch ohne konkrete Anhaltspunkte einer Rechtsverletzung nicht zumutbar. Bei Bekanntwerden von Rechtsverletzungen werden derartige Links umgehend entfernt.

Printed in Germany
by Amazon Distribution
GmbH, Leipzig

17805312R00059